평 신 도 양 육 교 재

# 예수를 따르는 삶

## Life Following Jesus

KB206003

## 하나님의 의를 실천하는 삶

평신도 양육교재

# 예수를 따르는 삶

하나님의 의를 실천하는 삶

**발행일** : 초판 1쇄 인쇄 2008년 8월 21일
　　　　초판 2쇄 인쇄 2013년 7월 8일
　　　　개정판 1쇄 인쇄 2014년 3월 14일
**발행인** : 우순태
**편집인** : 유윤종
**책임편집** : 강신덕
**기획/편집** : 전영욱, 강영아
**디자인/일러스트** : 최동호, 권미경, 오인표
**홍보/마케팅** : 강형규, 박지훈
**행정지원** : 조미정, 신지현

**펴낸곳** : 도서출판 사랑마루
　　　　서울시 강남구 테헤란로 64길 17(대치동)
**대표전화** : TEL (02) 3459-1051~2/ FAX (02) 3459-1070
**홈페이지** : http://www.eholynet.org, http://www.ibcm.kr
**등록** : 2011년 1월 17일 등록번호/ 제2011-000013호
값은 뒷표지에 있습니다. 잘못된 책은 구입하신 곳에서 교환해 드립니다.
ISBN : 978-89-7591-314-3 04230

# Contents

평신도 양육교재 **예수를 따르는 삶**

- 교육과정개발 : 남은경
- 교재집필 : 안성희 김종윤
- 교재개정 : 박향숙

평신도 양육교재

예수를 따르는 삶

Life Following Jesus

# 발간사

## 평신도를 예수님의 제자로

평신도는 단지 예배 참석자가 아닙니다. 평신도는 목회의 동역자입니다. 평신도가 예수님의 제자로 세움을 입어서 주님의 명령(마 28:18-20)대로 가르쳐 지키게 하는 사명을 감당해야 합니다. 평신도들이 사역의 주체가 될 때, 아름다운 주님의 교회가 세워지고 하나님의 나라가 확장될 것입니다.

교단창립 100주년 교육사업의 일환으로 성결교회 평신도 제자화 교육과정을 개발하고 4종류의 교재를 만들었습니다. 그것은 '새신자교재→세례교재→양육교재→사역교재' 입니다. 교회에 처음 나온 새신자도 반드시 사역자로 양성하겠다는 의지가 담겨있는 시리즈 교재입니다. 이 교재에 담겨있는 핵심 키워드는 '구원→믿음→생활→사역' 입니다.

성결교회의 모든 신자들은 하나님의 은혜로 구원받아 온전한 믿음을 가지고 삶이 변화되어 주님의 사역자로 세움을 입어야 합니다. 교회에서는 새신자들이 새신자교육과 세례교육을 언제든지 받아서 온전한 신앙을 형성할 수 있도록 도와야 합니다. 그리고 양육과 사역교재를 통하여 평신도 사역자를 키워야 합니다. 만약 신앙연수가 오래되었지만 신앙이 성숙치 못한 신자가 있다면, 양육교재와 사역교재를 통하여 건강한 사역자로 세움을 입을 수 있을 것입니다.

성결교회의 새로운 100년을 맞이하면서 목회현장에 실제적으로 도움이 될 교재가 개발된 것은 참으로 기쁘고 감사한 일입니다. 앞으로 평신도들이 주님의 몸 된 교회의 주체가 되고, 역사의 책임 있는 존재가 될 수 있도록 돕는 교재들이 지속적으로 개발될 것입니다. 아름다운 주님의 비전을 꿈꾸며 새 역사의 주인공이 됩시다.

기독교대한성결교회 총무 **우순태** 목사

# 일러두기

## 성숙한 신앙인으로 양육하기

성숙한 신앙인은 세상 사람들의 눈으로 보기엔 불편하게 사는 사람일 것이다. '주님이 원하시는 삶은 어떤 것일까?' '주님은 이럴 때 어떤 결정을 내리실까?' '내가 진정한 주님의 제자라면 어떻게 행동해야 할까?' 라는 고민을 가지고 사물을 대하고 세상을 살아가기 때문이다. 하지만 궁극적으로는 세상에 대한 이러한 질문, 그리고 그 대답에 따라 불편하더라도 당당하게 살아나갈 때, 우리는 참다운 기쁨이 넘치는 삶을 살 수 있다는 것을 잘 알고 있다. 모든 성결교인들이 이러한 기쁨을 누리며 살기를 바란다. 이를 위하여 양육교재가 도움이 되기를 바라며, 몇 가지 사항을 일러두고자 한다.

첫째, 본 교재는 성인 양육을 위한 교재이다. 여기에서 성인은 법적으로, 사회적으로, 경제적으로 자립할 수 있는 사람이며, 생물학적으로 아이를 가질 수 있는 육체적으로 성숙한 사람이며, 심리학적으로 청년기를 지나고 삶의 특별한 과정을 경험한 사람이며, 교육적으로 그가 속한 사회와 문화가 마련한 어느 정도의 학교 교육을 성취한 사람이다. 또한 신앙인으로서 자신의 생애를 통하여 삶의 스타일(life style)을 형성해 가는 존재이며, 영적으로 성장 발달해 가는 존재이다.

둘째, 본 교재는 평신도를 위한 교재이다. 대부분의 내용은 일상생활에서 겪을 만한 상황이나 생각해 보아야 할 만한 주제와 내용을 담고 있다. 여기서 평신도의 의미는 단순히 교회의 구성원 중에서 평범한 사람을 의미하는 것이 아니라 교회의 대부분을 차지하는 구성원으로서 주님의 자녀이며, 제자이고, 교회를 교회되게 이끌어 가야하는 각 지체를 의미한다. 따라서 이 양육의 과정을 통하여 평신도는 더욱 성장하여 목회의 동역자로서 하나님께서 허락하신 사역의 한 부분을 감당할 수 있도록 성숙하여야 한다. 이 교재를 잘 마친다면 교회에서는 집사나 구역장 등의 역할을 맡겨도 될 정도의 훈련이 이루어질 것이다.

셋째, 본 교재 교육과정의 내용 범위는 교단의 사중복음을 서울신학대학교 성결교회신학연구회가 이 시대의 언어로 표현한 '생명', '사랑', '회복', '공의'의 신학적 설명으로 한다. 그래서 이제까지 성결교회의 교육이 개인의 영혼 구원과 개인적 삶에 있어서의 성결에 집중하였다면, 이제는 사회의 보편 가치들에 대한 복음적 시각을 갖는 데까지 교육의 목표와 장(場)을 확대하고자 한다. 그래서 생활의 모든 영역에서 구체적인 문제와 사회적, 문화적, 윤리적, 정치적, 생태적 차원까지 다루고 있다.

넷째, 이 교재는 단순히 읽기용 책이나 답을 달기 위한 성경공부 교재가 아니라 모임의 참가자들이 함께 각 주제에 따라 고민하고, 결단하고, 실천하는 워크숍 교재에 가깝다. 따라서 참가자의 답 달기와 인도자의 답 해설에 의존하는 다소 구태의연한 성경공부 교재가 아니라 함께 목적을 위하여 삶을 연습해 가는 안내서이다. 이 교재를 바탕으로 서로 격려하고, 섬김을 베풀고, 감사를 표현하는 과정을 통해 더욱 풍성한 하나님의 은혜를 누리게 될 것이다.

이러한 본 교재를 가지고 모임을 인도하게 될 인도자는 비록 목회자이거나 지도자라고 할지라도 무엇인가 지식을 가르치려고만 노력하는 것은 바람직하지 않다. 물론 이 과정을 잘 인도하기 위해서 본 교재의 각 과가 이루고자 하는 목표와 그에 따르는 내용들에 대해서는 철저하고 꼼꼼하게 준비해야겠지만 자신이 깨달은 바를 참가자들도 스스로 깨달을 수 있도록 인도해야 한다. 뿐만 아니라 인도자와 학습자간의 나눔을 통해서 서로의 은혜가 더욱 풍성해 질 수 있도록 배려해야 한다.

이 교재를 통해 자신의 영적인 성숙을 기대하는 학습자들은 단순히 성경의 지식을 더 얻겠다는 정도의 생각으로 임하거나, 성경에서 답을 찾아 빈칸을 채우는 다소 수동적인 자세만을 보이는 것은 바람직하지 않다. 자신의 경험과 생각을 함께 나누고 인도자의 답을 기다리기 전에 먼저 고민하고 성경의 의미를 깨닫기 위해 노력해야 한다. 그리고 결국에는 이러한 모든 것들이 나의 일상생활에서도 실천될 수 있도록 노력하겠다는 다짐 속에서 생활에 임해야 한다.

본 양육교재는 모두 8권, 각 권당 5과 씩, 총 40개의 주제를 다룰 것이다. 적지 않은 양이기는 하지만, 신앙인들이 교회에서나 사회에서 부딪히게 될 모든 주제들이 다 다루어 진 것은 아니다. 하지만 이 40개의 주제를 다루며 배우고, 생각하고, 느끼고, 결단하고, 실천하는 과정을 통해서 한 단계 더 성숙된 신앙인으로 나아갈 수 있는데 도움이 되리라 생각한다.

본 교재를 바탕으로 한 평신도의 양육이 성공적으로 이루어져서 모든 성도들이 교회 뿐만 아니라 가정과 사회에서 주체적 존재가 되며, 성결교회의 교인으로서, 또한 그리스도의 제자로서 확고한 정체성을 갖으며, 마침내 이 땅 위에서 하나님의 뜻대로 살아가고 하나님의 나라를 이루어 내는 하나님의 사람으로 거듭나게 되기를 바란다.

# 4단원(공의)
# 하나님의 의를 실천하는 삶

# 자족하는 삶

**배울말씀**   빌립보서 4장 10-20절
**새길말씀**   내가 궁핍하므로 말하는 것이 아니니라 어떠한 형편에든지 나는 자족하기를
배웠노니 (빌 4:11)

평신도 양육교재
## 관심갖기

### 우리나라의 행복지수

다음에 나오는 이야기를 읽고 아래의 질문에 대답해 봅시다.

OECD주요국
**행복지수** 순위

| 국가 | 순위 | 점수 |
|---|---|---|
| 호주 | 1 | 7.91 |
| 스웨덴 | 2 | 7.91 |
| 캐나다 | 3 | 7.87 |
| 노르웨이 | 4 | 7.85 |
| 스위스 | 5 | 7.81 |
| 미국 | 6 | 7.64 |
| 덴마크 | 7 | 7.63 |
| 네덜란드 | 8 | 7.55 |
| 아이슬란드 | 9 | 7.53 |
| 영국 | 10 | 7.49 |
| 일본 | 21 | 6.81 |
| 한국 | 27 | 5.35 |

0  2  4  6  8

"한국, 행복지수 36개국 중 27위…1위 호주"
〈OECD〉

OECD는 2013년 5월 28일 36개국의 주거·소득·고용·공동체·교육·환경·시민참여·일과 생활의 균형·건강·삶의 만족도·안전 등 11개 생활영역을 반영하는 지표를 토대로 행복지수(Better Life Index)를 산출해 발표했다. 조사 대상은 OECD 34개 회원국과 브라질, 러시아다. 각 항목은 10점 만점을 기준으로 했다.

행복지수에 사용된 모든 지표에 동일한 가중치를 부여해 계산한 결과, 한국은 36개국 가운데 27위를 기록했다.

한국은 안전(9.1)과 시민참여(7.5), 교육(7.9) 같은 영역에서는 높은 수준을 보였다. 하지만 주거(5.7)와 고용(5.3), 소득(2.1)에서는 중하위권에, 환경(5.3), 일과 생활의 균형(5.3), 건강(4.9), 삶의 만족도(4.2) 등에서는 하위권에 머물렀다. 특히 공동체(1.6) 지수는 터키(36위), 멕시코(35위)와 함께 최하위권(34위)이었고 일과 생활의 균형 지수도 33위에 불과했다.

연합뉴스 2013년 5월 28일 김효정 기자

1. 한국인의 행복지수가 하위권에 그치고 있는 이유가 무엇이라고 생각하십니까?

2. 지금까지 살아오면서 자신이 가장 행복했다고 느꼈던 때는 언제입니까?

평신도 양육교재
# 기억하기
## 바울의 자족

1. 바울은 자신의 사역을 돌아보면서 그가 겪은 어려운 과정을 통해 무엇을 배웠다고 전하고 있습니까? (빌 4:11)

2. 바울이 비천에 처했을 때나 풍부에 처했을 때를 통해 깨달은 일체의 삶의 비결이 무엇입니까? (빌 4:13)

3. 바울이 누린 자족하는 삶에 빌립보 교인들이 동참하여 칭찬을 받았습니다. 빌립보 교인들은 어떻게 바울의 고난에 참예하였습니까? (빌 4:16)

4. 바울이 말한 향기로운 제물은 무엇입니까? (빌 4:18)

5. 자족의 삶에 동참한 빌립보 교인들을 바울은 어떻게 축복하고 있습니까?
(빌 4:19)

# 반성하기

## 여호와는 나의 목자

1. 다음은 시편 23편입니다. 여호와 하나님께서 시편 기자를 어떻게 대하셔서 시편 기자가 부족함을 느끼지 못하도록 만들어 주셨나요? 해당하는 부분에 밑줄을 그어 본 후, 함께 생각해 봅시다.

> 1 여호와는 나의 목자시니 내게 부족함이 없으리로다
> 2 그가 나를 푸른 풀밭에 누이시며 쉴 만한 물 가로 인도하시는도다
> 3 내 영혼을 소생시키시고 자기 이름을 위하여 의의 길로 인도하시는도다
> 4 내가 사망의 음침한 골짜기로 다닐지라도 해를 두려워하지 않을 것은 주께서 나와 함께하심이라 주의 지팡이와 막대기가 나를 안위하시나이다
> 5 주께서 내 원수의 목전에서 내게 상을 차려 주시고 기름을 내 머리에 부으셨으니 내 잔이 넘치나이다
> 6 내 평생에 선하심과 인자하심이 반드시 나를 따르리니 내가 여호와의 집에 영원히 살리로다

2. 만족할 만한 상황임에도 만족하지 못했던 경험이 있나요?

충분해요? 모자라요?

다음에 나오는 이야기를 읽고 주어진 질문에 대답해 봅시다.

> 유치원에서 산수 시간에 선생님이 "충분해요? 모자라요?"라는 수업을 하고 있었다. 선생님은 어린이가 셋 있고 그네도 셋 있는 그림을 보여주면서 이 세 어린이가 세 대의 그네를 타게 되면 "충분해요? 모자라요?" 하고 물었다. 어린이들은 "충분해요. 충분해요." 대답한다. 다음에 선생님은 네 어린이와 세 대의 그네가 있는 그림을 보여주면서 "충분해요? 모자라요?"라고 물었다. 어린이들은 "모자라요! 모자라요!" 하고 대답했다. 그런데 한 어린이가 "선생님! 충분해요! 충분해요!" 하고 대답하였다. 옆의 친구들이 숫자를 잘못 센 이 어린이에게 틀렸다고 핀잔을 주었다. 선생님이 "어떻게 해서 '충분해요'라고 대답했지?" 하고 물었다. 이 어린이는 "나하고 둘이서 그네에 함께 타면 충분하지요, 뭐!" 하고 대답했다. 다른 어린이들은 숫자로 하는 산수는 잘하였지만 이 어린이처럼 삶을 살아가는 지혜는 잘 알지 못했다. 숫자는 만족을 주지 못한다. 함께 그네 타는 사람, 나눔이 만족을 준다. 그네가 네 대가 아니라 열 대가 있었어도 숫자만 아는 어린이들에게는 만족이 없을 것이다.

1. 같은 그림을 보고 "모자라요."라고 대답한 어린이들과 "충분해요."라고 대답한 어린이의 차이는 무엇일까요?

2. 기독교인으로서 나는 어떤 시각을 가지고 세상과 삶을 바라보고 있나요? 내가
   감사하다고 여기는 것을 3가지 정도 적어보고 내 삶의 만족도를 높이기 위해
   내가 할 수 있는 일들이 무엇인지 나누어 봅시다.

| | 감사하다고 여기는 일은 무엇인가요? | 어떻게 하면 더욱 감사할 수 있을까요? |
|---|---|---|
| 1 | | |
| 2 | | |
| 3 | | |

### 새길말씀 외우기

내가 궁핍하므로 말하는 것이 아니니라 어떠한 형편에든지 나는 자족하기
를 배웠노니 (빌 4:11)

### 결단의 기도

하나님, 나의 삶에 감사와 만족이 없었음을 고백합니다. 이제 그리스도 예
수 안에서 영생을 얻었다는 그 사실 하나만으로도 감사하고 만족하며 살아
가게 해 주시옵소서. 예수 그리스도 이름으로 기도합니다. 아멘.

# 포기하는 삶

**배울말씀** 창세기 13장 1-18절

**새길말씀** 네 앞에 온 땅이 있지 아니하냐 나를 떠나가라 네가 좌하면 나는 우하고
네가 우하면 나는 좌하리라 (창 13:9)

## 관심갖기

**양보의 신비**

아래의 이야기를 읽고 주어진 질문에 답해 봅시다.

> 부유하지는 않지만 세 아들과 함께 어질게 살아가는 노인이 있었습니다.
> 세월이 흘러 죽음을 앞에 둔 노인이 세 아들에게 다음과 같은 유언을 남겼습니다.
>
> "너희들도 아는 것처럼 나에게는 17마리의 말이 있다. 그 말 17마리를
> 잘 나누어서 큰 아들 너는 1/2을 가지고, 둘째는 1/3을, 막내는 1/9을 가
> 져라."
> 삼형제는 슬픔을 달래며 아버지의 장례를 치렀습니다. 그리고는 아버지
> 의 유언대로 말 17마리를 놓고 계산을 했습니다. 그런데 아버지의 말씀대
> 로 따르자니 문제가 생겼습니다. 큰 아들은 17의 1/2이 8.5이니 9마리를
> 갖겠다고 했습니다. 둘째가 형의 욕심이 지나치다면서 이를 반대했습니다.
> 그러면서 17의 1/3이면 5.5가 넘으니 6마리를 가지겠다고 했습니다. 막내
> 는 17의 1/9이면 1.9이니 2마리를 가지겠다고 했습니다. 형제들은 점점
> 소리를 높이며 싸웠습니다. 심지어는 자신이 갖지 못할 바에는 말을 죽여서
> 라도 계산대로 나누어 갖자고 했습니다. 이렇게 삼형제가 소리를 높여 다투
> 고 있을 때, 어떤 목사님이 그 앞을 지나가게 되었습니다. 그리고 삼형제로

부터 무슨 이유 때문에 싸우고 있는지 이야기를 듣게 되었습니다. 그리고는 빙그레 웃으며 자기가 문제를 해결해 주겠다고 했습니다. 목사님은 먼저 자기가 타고 온 말을 삼형제에게 주었습니다. 그러자 말이 18마리가 되어서 형제들이 소원대로 각각 9마리, 6마리, 2마리씩 나누어 가질 수 있었습니다. 그런데 이상한 것은 그들이 처음 요구대로 나누어 가졌어도 1마리가 남았다는 것입니다. 그제야 삼형제는 그 1마리를 목사님에게 되돌려 주었습니다. 그제서야 형제들은 아버지께서 '서로 양보하면 어려운 문제도 해결할 수 있다'는 것을 가르쳐 주고 싶어하셨다는 것을 깨달았습니다.

1. 삼형제는 어떻게 하여 서로가 모두 만족하는 결과를 얻었나요?


2. 한 사람의 양보가 다른 많은 사람들에게 도움을 줄 수 있는 경우를 이야기해 봅시다.


평신도 양육교재

# 기억하기

## 아브람의 결단

1. 애굽에서 돌아온 아브람과 롯 사이에 어떤 문제가 발생하였습니까? (창 13:7)


2. 그 분쟁을 끝내기 위해 아브람이 롯에게 무엇을 제안하였습니까? (창 13:9)

3. 아브람과 롯의 분쟁을 종식시킨 아브람의 제안이 가져온 결과는 무엇입니까?
  (창 13:10-11)




4. 양보를 통해 분쟁을 종식시킨 아브람에게 하나님은 무엇을 약속하십니까?
  (창 13:15-16)

평신도 양육교재
반성하기        **삭개오와 부자 청년의 선택**

다음은 삭개오와 부자 청년의 이야기를 대비해 놓은 것입니다. 이들의 운명에 차이가 나게 된 이유는 무엇일까요?

| 부자 청년 (마태복음 19장) |
| --- |
| [16] 어떤 사람이 주께 와서 이르되 선생님이여 내가 무슨 선한 일을 하여야 영생을 얻으리이까 [17] 예수께서 이르시되 어찌하여 선한 일을 내게 묻느냐 선한 이는 오직 한 분이시니라 네가 생명에 들어가려면 계명들을 지키라 [18] 이르되 어느 계명이오니이까 예수께서 이르시되 살인하지 말라, 간음하지 말라, 도둑질하지 말라, 거짓 증언하지 말라, [19] 네 부모를 공경하라, 네 이웃을 네 자신과 같이 사랑하라 하신 것이니라 [20] 그 청년이 이르되 이 모든 것을 내가 지키었사온대 아직도 무엇이 부족하니이까 [21] 예수께서 이르시되 네가 온전하고자 할진대 가서 네 소유를 팔아 가난한 자들에게 주라 그리하면 하늘에서 보화가 네게 있으리라 그리고 와서 나를 따르라 하시니 [22] 그 청년이 재물이 많으므로 이 말씀을 듣고 근심하며 가니라 [23] 예수께서 제자들에게 이르시되 내가 진실로 너희에게 이르노니 부자는 천국에 들어가기가 어려우니라 |

1] 예수께서 여리고로 들어가 나가시더라 [2] 삭개오라 이름하는 자가 있으니 세리장이요 또한 부자라 [3] 그가 예수께서 어떠한 사람인가 하여 보고자 하되 키가 작고 사람이 많아 할 수 없어 [4] 앞으로 달려가서 보기 위하여 돌무화과나무에 올라가니 이는 예수께서 그리로 지나가시게 됨이러라 [5] 예수께서 그곳에 이르사 쳐다보시고 이르시되 삭개오야 속히 내려오라 내가 오늘 네 집에 유하여야 하겠다 하시니 [6] 급히 내려와 즐거워하며 영접하거늘 [7] 뭇 사람이 보고 수군거려 이르되 저가 죄인의 집에 유하러 들어갔도다 하더라 [8] 삭개오가 서서 주께 여짜오되 주여 보시옵소서 내 소유의 절반을 가난한 자들에게 주겠사오며 만일 누구의 것을 빼앗은 일이 있으면 네 갑절이나 갚겠나이다 [9] 예수께서 이르시되 오늘 구원이 이 집에 이르렀으니 이 사람도 아브라함의 자손임이로다 [10] 인자가 온 것은 잃어버린 자를 찾아 구원하려 함이니라

## 천국과 지옥의 차이

다음의 이야기를 읽고 주어진 질문에 답해 봅시다.

> 어떤 목사님이 하나님께 천국과 지옥에 대하여 알려 달라고 간절히 기도했다.
>
> 그러자 하나님께서 그 목사님을 두 개의 큰 방이 있는 곳으로 데리고 가셨다. 그는 하나님의 인도로 첫 번째 방 안에 들어가게 되었다. 그 방 한가운데에는 맛있는 요리가 담긴 커다란 냄비가 불 위에서 끓고 있었다. 그리고 많은 사람들이 저마다 긴 수저를 들고 냄비 주변에 앉아 있었다. 그들은 저마다 긴 수저를 냄비에 넣고 음식을 열심히 푸고 있었다. 그런데 이상하게도 그 방 안에 있는 사람들의 얼굴이 모두가 다 창백하고 피골이 상접하여 비참했다. 왜냐하면 그들의 수저가 너무 길어서 아무도 음식을 먹을 수 없었기 때문이다.
>
> 하나님은 목사님에게 또 다른 방을 보여 주셨다. 그 방 안에도 역시 맛있

는 음식과 긴 수저를 든 사람들이 있었다. 그런데 이 방 안의 사람들은 처음 방 안의 사람들과 다르게 보였다. 모두가 얼굴에 기쁨이 있고 살찌고 건강해 보였다. 왜냐하면 그 방 안의 사람들은 자신의 배를 채우려 애쓰지 않고 긴 수저로 서로 상대방을 먹여주고 있었기 때문이다.

천국은 어쩌면 사랑으로 채워지는 양보의 귀함을 아는 자들의 모임일 것이다.

1. 기독교인들이 성숙한 신앙을 가지고 천국을 미리 경험할 수 있는 삶에는 어떤 것들이 있을까요?

2. 하늘의 것을 바라보지 못하게 하여 양보하고 배려하는 삶을 살지 못하도록 하는 것 들에는 어떤 것들이 있을까요?

3. 참되고 진실된 하나님의 나라를 위해 내가 나누고 배려하며 포기해야 할 것들은 어떤 것인지 아래의 빈칸에 다짐하는 문장을 작성해 봅시다.

## 새길말씀 외우기

네 앞에 온 땅이 있지 아니하냐 나를 떠나가라 네가 좌하면 나는 우하고 네가 우하면 나는 좌하리라 (창 13:9)

## 결단의 기도

거룩하신 하나님, 우리가 세상과 세상에 속한 부귀, 영화, 쾌락 그리고 소유를 향한 갈망으로부터 구별되어 하나님의 임재와 권능을 체험케 하시고, 전적으로 하나님께 맡기고 하나님과 하나님의 약속을 구하는 자가 되게 하여 주시옵소서. 예수님 이름으로 기도합니다. 아멘.

# 더불어 사는 삶

배울말씀  신명기 15장 7-18절
새길말씀  네 하나님 여호와께서 네게 주신 땅 어느 성읍에서든지 가난한 형제가
너와 함께 거주하거든 그 가난한 형제에게 네 마음을 완악하게 하지 말며
네 손을 움켜 쥐지 말고 반드시 네 손을 그에게 펴서 그에게 필요한 대로
쓸 것을 넉넉히 꾸어주라 (신 15:7-8)

## 관심갖기                    부의 공정한 분배

아래의 이야기를 읽고 주어진 질문에 대답해 봅시다.

> **"상승하는 국민소득…갈라지는 계층소득"**
> 근로소득 2만달러 돌파 체감온도는 최악
> 양극화 심각한 수준…가계부채·경기침체 주원인
> ◇ 1인당 소득 24,000달러 돌파
> 1인당 국민총소득이 24,000달러의 수준에 달했다. 이는 사상최대치다.
> (중략) 사실 2차 세계대전 이후 독립 국가 가운데 2만 달러를 넘긴 나라는
> 한국이 유일하다. 또 금융위기 이후 침체됐던 상황에서 정상과정에 돌입했
> 다는 점도 큰 의미를 가진다. 한국경제가 더 성장하여 3만 달러에 근접하면
> 선진국 대열에 진입할 수 있다. 그러나 이같은 수치에도 불구하고 '체감온
> 도'는 현저하게 낮다는 의견이 지배적이다. 분배지표는 뒷걸음치면서 계층
> 간에 심각한 양극화 현상을 보이고 있기 때문이다. (중략)
> ◇ 소득분배 계층간 차이 크게 벌어져
> 통계청이 5분위로 나눈 소득분배 지표를 보면 올해 9월말 기준으로 고소득

층과 저소득층의 소득이 5.05배 차이가 난다. 지난해(4.98배)보다 더 커진 셈이다. 이 때문에 저소득층은 "무슨 소리냐."며 현저하게 낮은 체감도에 불만을 드러내고 있는 것이다. 특히 통계청 집계 결과 지난해 임금은 소폭 상승했다. 올해도 이 같은 추세를 보이고 있다. 임금 상승폭은 있지만 분위별 계층간 격차가 벌어지면서 소득이 오른 계층보다 안 오른 계층이 많은 것도 이유다. 계층간 소득 체감이 다른 이유는 가계부채다. 고소득층의 가계부채는 3월말 기준으로 1억3,721만원으로 지난해보다 줄었다. 반면 저소득층의 가구 부채는 1,246만원으로 24% 가량 늘어났다. 소득이 높아져도 결국 부채를 갚는 데 사용해 왔기 때문에 체감온도는 낮을 수밖에 없는 상황이다. (후략)

뉴스웨이 2013년 12월 3일자. 최재영 기자

1. 위 기사 내용처럼 우리나라의 부가 잘 분배되지 않는 이유가 어디에 있다고 생각하십니까?

2. 빈부의 격차를 해소하고 공정하게 분배하기 위해 기독교인이 할 수 있는 일은 무엇일까요?

# 네 손을 펼지어다

1. 신명기 율법에서, 여호와께서 주신 땅에서 가난한 자에게 해서는 안 되는 일이 무엇이라고 말하고 있습니까? (신 15:7)

2. 제 칠년 면제년(안식년)이 다가올 때 이스라엘 백성이 갖지 말아야 할 생각은 어떤 것입니까? (신 15:9)

3. 신명기 율법은 궁핍한 형제에게 아무것도 주지 않는 자에게 무엇을 경고하고 있습니까? (신 15:9)

4. 구제할 때에 가져서는 안 되는 마음은 무엇입니까? (신 15:10)

5. 면제년에 이르러 노예에게 자유를 줄 때, 노예를 어떻게 대우해야 합니까? (신 15:13-14)

아래의 이야기를 읽고 주어진 질문에 답해 봅시다.

> 빅토르 위고(Victor Hugo)의 소설 장발장(레 미제라블) 이야기를 아십니까?
>
> 주인공 장발장이 배가 고파 빵 가게에 있는 빵 한 덩어리를 갖고 도망치다가 경찰에 잡혀 징역 5년을 선고받았습니다. 이 후 감옥에서 탈출하다가 붙잡혀 19년을 감옥에서 살게 되었습니다. 감옥에서 나온 후 장발장은 취직을 하려고 했지만, 전과자인 장발장을 받아주는 사람은 아무도 없었습니다.
>
> 어느 날, 그는 잠잘 만한 곳을 찾다가 평소 사람을 잘 도와주는 것으로 소문이 난 미리엘 신부님의 집에 찾아가 하룻밤을 부탁하게 되었습니다. 장발장은 자신이 전과자인 사실을 밝혔지만 신부님은 그를 반갑게 맞이해 주었습니다. 신부님의 식탁에는 은그릇 위에 놓인 음식들이 있었습니다. 그날 밤, 장발장은 은촛대와 은그릇이 생각이 났습니다. 그것들을 훔쳐다가 팔면 자신이 19년 동안 감옥에서 일한 것 보다 많은 돈을 받을 수 있을 것 같았습니다. 욕심이 생겼습니다. 그는 은그릇을 훔쳐 도망갔습니다. 그러나 곧 경찰에 체포되었습니다. 경찰에 이끌려 신부님 앞에 서게 된 장발장은 너무도 부끄럽고 두려웠습니다. 그런데 신부님이 경찰에게 그것들은 자신이 준 선물이라며 변명을 해 주었습니다. 오히려 다른 것들은 왜 두고 갔느냐고 묻는 것이었습니다. 장발장은 이런 신부님의 숭고한 사랑에 눈물을 흘렸습니다. 그 후 장발장은 새사람이 되었습니다. 그는 이후에 시장이 되어서 어려운 사람들을 돕는 새로운 인생을 살게 됩니다.
>
> 얼마 전, 우리나라에 이런 일이 있었습니다.
> 부모가 어릴 적에 이혼해서 아버지와 생활하던 전 모(27) 씨가 아버지의 잦은 음주와 폭행을 견디다 못해 가출, 혼자 살며 막노동으로 생계를 이어 갔습니다.

그러다가 건축공사장에서 허리를 다쳐 일을 할 수 없게 되어 며칠을 굶게 되었습니다. 그는 새벽에 슈퍼마켓 유리창을 깨고 안으로 들어가 먹을 것을 훔치려다 주인에게 잡혔습니다. 죄명은 특수절도미수. 서울남부지검 소 모 검사님은 전씨가 자란 환경이나 범행 경위를 감안하여 처벌보다 직업을 찾아주고 정상적으로 사회 생활을 하도록 도와주는 게 낫다고 판단했습니다. 소 모 검사님은 전 모 씨가 숙식을 해결할 수 있도록 일자리 알선을 요청했고, 결국 전씨는 택시회사 직원으로 채용될 수 있는 기회를 갖게 되었습니다.

1. 여러분이 전 모 씨를 재판한 검사였다면 어떻게 했을까요? 서로의 생각을 나누어 보세요.

2. 친한 친구나 친척에게 돈을 꾸어 주거나 꾸는 등의 금전거래를 통해 어려움을 겪은 적이 있습니까? 그 상황에서 어떤 점이 안타까웠는지 이야기해 봅시다.

3. 여러분은 어떤 마음을 가지고 구제하십니까?

아래의 이야기를 읽고 질문에 답해 봅시다.

감리교의 창시자 존 웨슬리(John Wesley)는 적은 수입을 가지고 당시의 어떤 사람보다도 많은 금액을 구제 사업에 기부하였습니다. 웨슬리가 처음으로 자신의 수입을 가지고 기부를 하기 시작했을 때, 그는 1년에 300파운드를 벌 수 있었는데, 그 중 280파운드로 생활하고, 나머지 20파운드를 사회기관에 기부하였습니다. 다음 해에 600파운드를 받게 되자, 그는 변함없이 280파운드를 생활비로 쓰고 나머지 320파운드를 구제사업을 위해 기부했습니다. 또 그 다음 해에 가서 900파운드를 받게 되었을 때, 그는 여전히 자신의 생활비로 280파운드를 썼고 나머지 620파운드를 기부하였습니다. 구제사업을 시작한 넷째 해에 그는 1,200파운드 수입 중 280파운드를 생활비로 제한 나머지 금액 820파운드를 기부하였습니다. 웨슬리의 기준에는 자신의 경제 능력과 생활비가 아무런 연관성이 없었습니다. 할 수 있는 한 많이 벌고, 검소하게 생활하며, 할 수 있는 힘껏 남을 위해 돕는 것이 웨슬리의 기준이었습니다. 이 같은 자세로 그는 일생을 다하도록 구제하는 일에 힘을 다했습니다.

1. 웨슬리가 위와 같은 삶을 살 수 있었던 이유는 무엇이었을까요?

2. 지금 당장 10,000원으로 주변의 이웃을 도와야 한다면 누구를 어떻게 도울 수 있을까요? 한 주 동안 실천해 봅시다.

---

**구제를 위한 소득의 십일조를 바쳐 봅시다.**

구약성서에는 두 가지 십일조가 있다. 성전에 바치는 일반 십일조와 빈곤한 이웃과 형제를 돕기 위한 구제를 위한 십일조이다. 성경은 경제적으로 빈곤한 사람들을 돕기 위해 내어 놓은 '구제를 위한 십일조'를, 그것이 곡식이건 돈이건, 성물(聖物)이라고 부르고 있다(신 26:13). 구약성서에서 성물이란 하나님께 바치는 물건을 말한다. 그런데 가난한 사람을 돕는 구제물도 성물이라고 부르고 있는 것이다. 여기에는 깊은 뜻이 있다. 빈궁한 이웃을 돕는 것이 곧 하나님께 드리는 것이라는 뜻이다. 구제를 위해 따로 구별된 십일조를 드릴 수 있도록 기도하고 실천하자.

---

### 새길말씀 외우기

네 하나님 여호와께서 네게 주신 땅 어느 성읍에서든지 가난한 형제가 너와 함께 거주하거든 그 가난한 형제에게 네 마음을 완악하게 하지 말며 네 손을 움켜 쥐지 말고 반드시 네 손을 그에게 펴서 그에게 필요한 대로 쓸 것을 넉넉히 꾸어주라 (신 15:7-8)

### 결단의 기도

거룩하신 하나님, 내가 가진 모든 것이 하나님께로부터 왔다는 것을 깨닫게 하시고, 내 주위에 있는 자들을 돌아보아 물질과 기도로 도울 것을 결심하게 해 주시옵소서. 예수님 이름으로 기도합니다. 아멘.

# 하나님의 정의를 선택하는 삶

**배울말씀**  사무엘하 12장 1~17절
**새길말씀**  오직 정의를 물 같이, 공의를 마르지 않는 강같이 흐르게 할지어다
(암 5:24)

## 평신도 양육교재
## 관심갖기
### 이명직 목사의 양심고백

다음 기사를 읽고 주어진 질문에 답해 봅시다.

> 불의로 밭을 갈고 죄로 씨 뿌렸으니 무슨 좋은 결과가 있으랴? 나는 5년 전 겨울에 충남지방교회에 청함을 입어 갈 때 어느 여전도자와 동반하게 되었다. 그는 나에게 교수를 받던 자매라 그의 사정을 잘 아는고로 동정(同情)하여 준 일도 있었다. 그러나 사제의 분의(分義)를 지키어 감히 예의에 어긋난 일은 없었는데 이번에 근 1개월이나 동반여행 하는 중 동정(同情)은 육정(肉情)으로 변하여 자유하면서 아주 예의에 벗어나 남녀의 분의를 떠나 남자끼리 교제하는 것이나 다름 없이 다른 사람의 이목도 꺼리지 않고 부덕됨도 불구하고 행동하는 중, 보는 사람의 의심거리를 일으키게 되었다.
>
> 그러나 나는 그때에 그렇게 하면 부덕될 줄도 알고 불명예가 될 줄도 알았지만 염려하면서 눈 뜨고 우물에 빠지는 사람처럼 행하였다. 그러나 최후 순간의 행동에 빠지지 아니한 것을 차라리 하나님의 보호인 줄로 믿고 감사한다. 그때에 어느 형제가 대면하여 충고하여 주었다. 그때에 나는 새 정신이 나게 되었다. 감사함으로 받았다.
>
> 나의 심리와 추악한 것은, 내가 물론 자백하거니와, (실제로 일어난) 일은 없었다. 그러나 마태복음 5장 28절을 보면 무형(無形)한 심리나 현저한 사

실이 무슨 차등이 있으며 경중(輕重)이 있으랴.

이명직 외. 『성결체험기 그 순간』중에서

1. 이명직 목사가 어떤 형제로부터 자신의 옳지 못한 행동에 대해 충고를 들었을 때 어떻게 반응하였나요? 그렇게 반응할 수 있었던 비결은 무엇이었을까요?

## 기억하기
평신도 양육교재

### 나단과 다윗의 용기

1. 다윗은 자신의 부하 우리아의 아내 밧세바를 범한 후, 자신의 죄를 덮기 위해 우리아를 계획적으로 죽였습니다. 다윗의 명백한 범죄에 대해 나단은 어떻게 하고 있습니까? (삼하 12:1-7)

2. 나단이 담대하게 선포한 하나님의 징벌의 내용은 무엇입니까? (삼하 12:10-11)

3. 다윗은 나단의 지적에 대해 또 다른 모습의 용기 있는 반응을 보입니다. 다윗이 보인 반응은 무엇입니까? (삼하 12:13)

1. 사무엘상 17장에서 골리앗에 대한 사울과 다윗의 태도의 차이는 무엇이고, 이런 차이가 생긴 이유는 무엇일까요?

---

#### 사울 (삼상 17 : 8-11)

8 그가 서서 이스라엘 군대를 향하여 외쳐 이르되 너희가 어찌하여 나와서 전열을 벌였느냐 나는 블레셋 사람이 아니며 너희는 사울의 신복이 아니냐 너희는 한 사람을 택하여 내게로 내려보내라

9 그가 나와 싸워서 나를 죽이면 우리가 너희의 종이 되겠고 만일 내가 이겨 그를 죽이면 너희가 우리의 종이 되어 우리를 섬길 것이니라

10 그 블레셋 사람이 또 이르되 내가 오늘 이스라엘의 군대를 모욕하였으니 사람을 보내어 나와 더불어 싸우게 하라 한지라

11 사울과 온 이스라엘이 블레셋 사람의 이 말을 듣고 놀라 크게 두려워하니라

---

#### 다윗 (삼상 17 : 34-37 : 45)

34 다윗이 사울에게 말하되 주의 종이 아버지의 양을 지킬 때에 사자나 곰이 와서 양떼에서 새끼를 물어가면

35 내가 따라가서 그것을 치고 그 입에서 새끼를 건져내었고 그것이 일어나 나를 해하고자 하면 내가 그 수염을 잡고 그것을 쳐죽였나이다

36 주의 종이 사자와 곰도 쳤은즉 살아 계시는 하나님의 군대를 모욕한 이 할례 받지 않은 블레셋 사람이리이까 그가 그 짐승의 하나와 같이 되리이다

37 또 다윗이 이르되 여호와께서 나를 사자의 발톱과 곰의 발톱에서 건져내셨은즉 나를 이 블레셋 사람의 손에서도 건져내시리이다 사울이 다윗에게 이르되 가라 여호와께서 너와 함께 계시기를 원하노라

45 다윗이 블레셋 사람에게 이르되 너는 칼과 창과 단창으로 내게 나아 오거니와 나는 만군의 여호와의 이름 곧 네가 모욕하는 이스라엘 군대의 하나님의 이름으로 네게 나아가노라

---

2. 다음은 거짓 선지자 하나냐와 참 선지자 예레미야가 유다의 멸망에 대해 선포한 내용입니다. 하나냐와 예레미야의 예언 내용이 다른 이유는 무엇일까요?

---

### 하나냐 (렘 28 : 1-4)

1 그 해 곧 유다 왕 시드기야가 다스리기 시작한 지 사 년 다섯째 달 기브온앗술의 아들 선지자 하나냐가 여호와의 성전에서 제사장들과 모든 백성이 보는 앞에서 내게 말하여 이르되

2 만군의 여호와 이스라엘의 하나님이 이같이 일러 말씀하시기를 내가 바벨론의 왕의 멍에를 꺾었느니라

3 내가 바벨론의 왕 느부갓네살이 이곳에서 빼앗아 바벨론으로 옮겨 간 여호와의 성전 모든 기구를 이 년 안에 다시 이곳으로 되돌려 오리라

4 내가 또 유다의 왕 여호야김의 아들 여고니야와 바벨론으로 간 유다 모든 포로를 다시 이곳으로 돌아오게 하리니 이는 내가 바벨론의 왕의 멍에를 꺾을 것임이라 여호와의 말씀이니라 하시니라

---

### 예레미야 (렘 28 : 12-17)

12 선지자 하나냐가 선지자 예레미야의 목에서 멍에를 꺾어 버린 후에 여호와의 말씀이 예레미야에게 임하니라 이르시기를

13 너는 가서 하나냐에게 말하여 이르기를 여호와의 말씀에 네가 나무 멍에들을 꺾었으나 그 대신 쇠 멍에들을 만들었느니라

14 만군의 여호와 이스라엘의 하나님께서 이와 같이 말씀하시니라 내가 쇠 멍에로 이 모든 나라의 목에 메워 바벨론의 왕 느부갓네살을 섬기게 하였으니 그들이 그를 섬기리라 내가 들짐승도 그에게 주었느니라 하라

15 선지자 예레미야가 선지자 하나냐에게 이르되 하나냐여 들으라 여호와께서 너를 보내지 아니하셨거늘 네가 이 백성에게 거짓을 믿게 하는도다

16 그러므로 여호와께서 이와 같이 말씀하시되 내가 너를 지면에서 제하리니 네가 여호와께 패역한 말을 하였음이라 네가 금년에 죽으리라 하셨느니라 하더니

17 선지자 하나냐가 그 해 일곱째 달에 죽었더라

3. 나는 사람을 두려워하는 사람입니까, 하나님을 두려워하는 사람입니까? 나는
   사람들이 듣기 좋아하는 말을 하는 사람입니까, 하나님이 원하시는 말을 하는
   사람입니까?

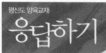

## 응답하기

### 용기의 비결

다음의 이야기를 읽고 질문에 답해 봅시다.

어떤 곡예사가 폭포 위에다가 밧줄을 매어
놓고는 이쪽에서 저쪽 편으로 건너가 보이겠
다고 말했다. 많은 군중이 그의 대담성에 박
수갈채를 보내면서도 '설마' 했다. 그런데 그
가 직접 건너가는 것을 보고나자 믿게 되었다.
곡예사가 이번엔 바퀴 달린 손수레를 가지고
밧줄을 타 보였다. 군중들의 환호가 열광적이
었다. 그러자 곡예사가 군중들에게 외쳤다.

"자, 지원자를 뽑겠습니다. 누가 이 수레에
타보겠습니까?" 그러자 박수를 보내며 열광하
던 사람들이 주춤주춤 물러설 뿐 선뜻 나서는 사람이 없었다. 한순간 주위
가 조용해졌다. 바로 이때 "제가 수레에 타겠어요!" 하고 나선 한 소녀가 있
었다. 소녀는 무사히 폭포를 건넜다.

믿음! 곡예사에 대한 소녀의 믿음이 그녀를 용감하게 하였다.

곡예사는 바로 그 소녀의 아버지였던 것이다.

1. 위험 속에서도 곡예사의 수레를 탈 수 있었던 소녀의 용기는 어디에서부터 나왔을까요?


2. 하나님께서 공의로우시다고 믿으십니까? 일상 속에서, 그리고 하나님과 세상의 사람 앞에서 비겁했던 모습은 어떤 것이었습니까? 일상 생활 속에서 정의를 실천할 수 있는 구체적인 방법들을 적어 봅시다.

| | 정의의 편에 서기 |
|---|---|
| 가정에서 | 1. 비록 많지는 않지만 정직하게 돈을 버는 부모의 모습을 자녀들에게 보여주겠다.<br>2.<br>3. |
| 사회(직장)에서 | 1. 뇌물이나 촌지를 주지도 않고 받지도 않겠다.<br>2.<br>3. |

### 새길말씀 외우기

오직 정의를 물 같이, 공의를 마르지 않는 강같이 흐르게 할지어다
(암 5:24)

### 결단의 기도

사랑과 긍휼이 풍성하신 하나님, 주님을 믿는다고 하면서도 하나님의 말씀 위에 서는 용기있는 자가 아니었던 저를 용서하여 주옵소서. 이제부터는 진정한 용기를 가진 자가 되길 소원합니다. 예수님의 이름으로 기도합니다. 아멘.

# 하나님의 나라를 소망하는 삶

**배울말씀** 여호수아 1장 1-9절

**새길말씀** 오직 강하고 극히 담대하여 나의 종 모세가 네게 명령한 그 율법을 다 지
켜 행하고 우로나 좌로나 치우치지 말라 그리하면 어디로 가든지 형통하
리니 (수 1:7)

평신도 양육교재

## 관심갖기

### 양화진의 묘비명

다음의 이야기를 읽고 질문에 답해 봅시다.

> 양화진 외국인 선교사 묘원(서울시 마포구 합정동)에 가면 우리나라에 복
> 음을 전하러 오셨다가 순교하신 선교사님들의 묘와 묘비명들을 만나볼 수
> 있다. 아래는 수많은 묘비명 중 일부를 소개한 것이다.
>
> · "하나님의 아들이 나를 사랑하시고, 나를 위하여 자신을 주셨다."
>   (J. W. 헤론)
> · "나는 웨스트민스터 사원에 묻히기보다 한국에 묻히기를 원하노라."
>   (H. B. 헐버트)
> · "섬김을 받으러 온 것이 아니라 섬기러 왔습니다."
>   (A. R. 아펜젤러)
> · "친구를 위하여 자기 목숨을 버리면 이에서 더 큰 사랑이 없느니라."
>   (A. K. 젠센)
> · "나에게 천 개의 생명이 주어진다 해도 그 모두를 한국에 바치리라."
>   (R. R. 켄드릭)

〈켄드릭 선교사 묘비와 묘지〉    〈켄드릭 선교사 묘비 본탁〉

(http://www.yanghwajin.net 자료 참조)

1. 선교사님들의 묘비명을 통해서 알 수 있는 선교사님들의 삶의 소망은 무엇이었을까요?

2. 지금까지 살아온 여러분의 삶을 묘비명에 기록한다면 무엇이라고 기록할 수 있을까요? 한 문장으로 써 봅시다.

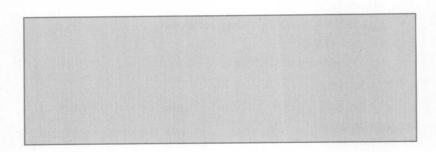

1. 하나님께서 이스라엘 백성에게 약속하신 땅은 무엇입니까? (수 1:3, 4)

2. 하나님께서 약속하신 땅에 가기 전에 여호수아에게 약속하신 하나님의 말씀은 무엇입니까? (수 1:5)

3. 하나님과 동행하기 위해 여호수아가 순종해야 할 하나님의 부탁은 무엇입니까? (수 1:7, 8)

평신도 양육교재

# 반성하기

## 바울의 회고록

1. 바울은 자신의 죽음을 앞두고 자신의 삶에 대해 무엇이라고 고백하였나요? (딤후 4:7-8)

2. 나의 삶을 마치고 나서 의로우신 재판장이신 예수 그리스도께 어떠한 평가를 받을 것이라고 생각하나요? 왜 그렇게 생각하나요?

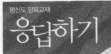

# 응답하기

## 웨슬리의 "구인(求人) 백 명"

다음을 읽고 주어진 질문에 답해 봅시다.

> 존 웨슬리(John Wesley)가 이렇게 말했다. "내게 죄 외에는 아무것도 두려워하지 않으며 하나님 외에는 아무것도 바라지 않는 사람 100명만 달라. 그러면 나는 세상을 흔들어 놓을 수 있다. 그들이 목사이든 평신도이든 상관하지 않는다. 그들만 있으면 사탄의 왕국을 무너뜨리고 이 땅에 하나님의 나라를 세울 수 있을 것이다."
>
> The Preacher's Magazine

1. 존 웨슬리가 구하는 사람이 되기 위해 나에게 필요한 것은 무엇인가요?

2. 본인이 바라는 자신의 미래의 묘비명을 한 문장으로 써 봅시다. 그리고 묘비명에 기록된 대로 남은 삶을 살 수 있도록 소망하는 기도를 드립시다.

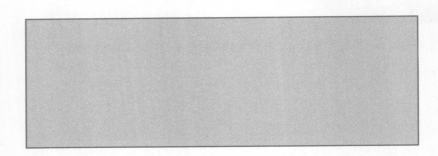

## 새길말씀 외우기

오직 강하고 극히 담대하여 나의 종 모세가 네게 명령한 그 율법을 다 지켜 행하고 우로나 좌로나 치우치지 말라 그리하면 어디로 가든지 형통하리니 (수 1:7)

## 결단의 기도

거룩하신 하나님, 항상 무엇을 이루고자 하면서도 용기가 없어 주저하고 있는 저의 모습을 용서해 주옵소서. 이제 하나님이 함께하신다는 약속을 믿고 신앙의 모험을 시작하겠사오니 이 삶이 끝날 때까지 제가 흔들리지 않게 함께하여 주시옵소서. 예수님 이름으로 기도합니다. 아멘.

# MEMO

# MEMO